ORFF-SCHULWERK

子どものための音楽
II. リズムの即興表現　Rhythmische Improvisation

MUSIK FÜR KINDER

Japanische Adaptation von Yoshio Hoshino, Tohru Iguchi

星野圭朗・井口 太 —— 編

SJ 012

ショット・ミュージック株式会社

© 1984, Schott Music Co. Ltd., Tokyo
International Copyright Secured.
All Rights Reserved.

まえがき

　この曲集は、ドイツの作曲家、カール・オルフ博士（Dr. h. c. Carl Orff 1895-1982）の提唱した音楽教育『オルフ・シュールヴェルク』——子どものための音楽——の考え方に基づいて編さんしたものです。

　オルフの考え方の基本は、子どもたちが即興的に音楽を創り出すことによって、その創造性の高められることをねらうところにあります。そして、その音楽の素材の、最も基本的な要素がリズムだといえます。リズムを即興的に表現するといっても、それは、全くの＜無＞から生ずるものではありません。創造は変容された模倣だと言われます。子どもが十分な模倣の経験を通じて表現のための音楽的な語いを獲得していなくては豊かな創造は為されないのです。また、常に単純なものから複雑なものへ、易しいものから少しずつ難しいものへ、という原理に基づいた系統的な指導を積み重ねることがとても重要です。

　私たちは以上のような『オルフ・シュールヴェルク』の考え方を、わが国の子どもとその指導に適用するため、以下の角度から、それぞれの巻にまとめました。

I．わらべうたと即興表現 ……………よく知られたわらべうたに、比較的やさしい民謡のいくつかを加え、これに即興的な伴奏作りをするための手法として、さまざまなオスティナートの組み合せの例をまとめています。

II．リズムの即興表現 ……………手拍子や足拍子、ひざ打ちなどの身体楽器、その他の打楽器による即興的な表現への導入から形式的な発展に到る指導の流れをまとめています。

III．ことばの即興表現 ……………日頃何の意識もなしに用いている「ことば」の持つリズムを、音楽的な素材として再認識し、即興的な試みから作品化していく道筋を明らかにしていきます。

　この第II巻では、指導者の示す音形によって、子どもたちが＜模倣＞という形式で学習するところを出発点としています。そのために、指導者は＜模範＞を即座に示すことが要求されます。つまり、指導者自身が即興的な表現に慣れていなくてはならないのです。そして、常に子どもの状態をよく見て、すなわち適切に評価して、その次の音形を示す必要があります。

　本書は、そうした指導者の表現のモデルとなる音形や指導の方法的な手順を集めた、言わば＜サンプル集＞だと言うことができます。指導者が、自由自在に様々な音形を使いこなして、子どもを動かすための資料として活用されることが望まれます。演奏の結果よりも、それを創り上げる過程が重要です。指導者の励ましと賞讃によって、子どもたちの表現意欲を育てていただきたいと思います。

　　　　　　　　　　　　　　　　星野　圭朗・井口　太

カール・オルフ博士と筆者　　　　　1981年9月25日（星野翠撮影）

本書の刊行にあたって、その原稿に目を通しオルフ博士は次のようなメッセージを下さいました。しかし、それから半年後の1982年3月30日、博士はその天寿をまっとうし、この世を去られました。

オルフ研究所　1973年冬（井口太撮影）

Ich habe mich sehr gefreut, als ich erfahren habe, daß in Japan das Schulwerk schon bekannt ist und schon verwendet wird. Und die Art, wie es verwendet ist, entspricht vollkommen meinen Ideen, und ich glaube, daß da noch sehr viel zu machen ist und daß das Schulwerk hier auch einen Boden findet. Angefangen bei den Kindern, so viel ich gesehen hab', haben viele Kinder auch schon etwas gedacht, etwas versucht. Wie ich seh', ist alles richtig. 's gut! Eigentlich - hier sind die jedenfalls allen voraus. So viel hat noch niemand gemacht.

Ja, also, um's nochmal zu sagen - ich bin sehr angetan, was Sie da arbeiten und finde es gut und wünsche, daß Sie da weiterkommen. Die Anlage ist richtig!

25. September 1981
Prof. Dr. h. c. Carl Orff

　日本でシュールヴェルクが広く知られて活用されていることを知って私は大変喜んでいます。その活用のされ方は、私の理念と完全に一致するものであり、これは日本で更に発展し、シュールヴェルクが根をおろすことになると信じます。

　私が多くを見て来たように、子どもたちと共に始め、すでに子どもたちが何かを考え、それを試みて来た――私はすべて正しいと思います。とてもすばらしい！実際、これは何にしてもすべてにぬきんでています。誰もまだここまでの仕事は成し遂げていません。

　繰り返しますが――私は、あなた方のこの仕事に感動し、是非とも前進されるように祈ります。構想は全く正しいものです！

1981年9月25日
名誉博士カール・オルフ教授

も く じ

打楽器について ———————————— 7

第1部　リズム・オスティナートの組み合わせ

1. むこうよこちょの ———————————— 12
2. てるてるぼうず ———————————— 14
3. あがりめ　さがりめ ———————————— 14
4. おつきさま　いくつ ———————————— 15

リズム・オスティナート ———————————— 20

解説　1 ———————————— 22

第2部　リズムの即興表現の指導

リズムの模倣 ———————————— 24

 a．同時模倣 ———————————— 24
 b．エコー ———————————— 25
 c．無拍節的なリズムの模倣 ———————————— 28

リズム問答 ———————————— 29

リズムのロンド ———————————— 32

解説　2 ———————————— 38

第3部　リズムの即興表現の発展

ひざ打ちのリズム ———————————— 40

 a．記号の原則 ———————————— 40
 b．左右同時に用いる例 ———————————— 41
 c．腕とひざの左右が交代しない例 ———————————— 41
 d．左右の奇数交代の例 ———————————— 42

オスティナート伴奏と即興的なリズム表現 ———————————— 43

リズムのカノン ———————————— 46

打楽器のための小品 ———————————— 48

第4部　わが国の民族音楽に見られるリズム

1. 日光わらく踊り ———————————— 52
2. 秩父音頭 ———————————— 52
3. 銚子大漁節 ———————————— 52
4. こきりこ節 ———————————— 52
5. 郡上節から　春駒 ———————————— 53
6. ノーエ節 ———————————— 53
7. 庄内おばこ ———————————— 54
8. 生保内節 ———————————— 54
9. 伊勢音頭 ———————————— 54
10. 篠山節 ———————————— 54
11. 鶴崎節より　さえもん ———————————— 55
12. よさこい節 ———————————— 55
13. 花笠踊り ———————————— 56
14. 会津磐梯山 ———————————— 57
15. 秩父屋台囃子 ———————————— 58
16. 江戸祭囃子より　昇殿 ———————————— 58
17. 東京神楽囃子より　本間 ———————————— 59
18. 秩父神社神楽囃子 ———————————— 59
19. 葛西囃子より　鎌倉 ———————————— 60
20. 東京神楽囃子より　篠燕舞 ———————————— 60
21. 葛西囃子より　昇殿 ———————————— 61

（1〜13は井口太，14〜21は星野洋子·採譜）

打楽器について

≪打楽器に対する考え方≫

1. **打楽器は、高度の技術がなくても扱える。**
   - 楽器の多くは、音楽を表現するまでにかなりの技術を必要としますが、打楽器は、打てば音が出ます。とりあえず音楽にのることができます。
   - もちろん、奥は深く幅も広いので、発展にはこと欠きません。
2. **身体楽器が大きな役割を演ずる。**
   - 手拍子や足を踏みならす足拍子、手で上腿部を打つひざ打ち、指ならしを活用します。これらは、身体楽器と呼ばれます。
   - これらは、すべての打楽器の学習に先だって用いられる基礎的活動であると同時に、他の楽器や歌と組み合わせて有効に用いられます。
3. **日本の打楽器を積極的に取り入れる。**
   - 楽器の音色や奏法は、民族の文化として育てられたもので、その国の子どもたちの教育に欠くことのできないものです。
   - 楽器とともに、その特徴的なリズムも経験を通して学習させたいものです。

注）打楽器とは、直接またはばち（桴）によって、文字通り打ったり振ったりして鳴らす楽器です。その中には、定まった音律を持つシロフォンやメタロフォン、調律のできるティンパニなどがあり、また、一定の音高の感じとれない多くの楽器があります。本書では、シロフォンなどの「有音程打楽器」を除く打楽器を取り上げています。これらは、太鼓の仲間のように「皮の鳴る楽器」、ウッドブロックのような「木の鳴る楽器」、シンバルのように「金属の鳴る楽器」、それに「身体楽器」に分類され、有効に組み合わせて用います。

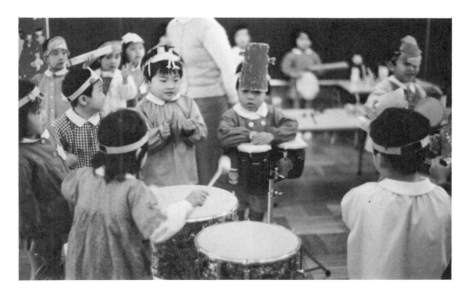

第 1 部

リズム・オスティナートの組み合わせ
Lieder mit rhythmischer Begleitung

- 書かれた伴奏音形は、手拍子や足拍子、ひざ打ちによるオスティナートによっています。これらは、別のわらべうたの多くにもよく合いますので、さまざまに組み合わせてください。
- オスティナートとは、本書で一貫して紹介している同形反復の形式で、世界各国の民族音楽や現代音楽などに幅広く用いられるものです。
- うたの部分のメロディーは東京地方に伝わるものですが、人によって、本によって少しずつ違っています。歌詞も部分的に異なったものが見られます。その違いはむしろ尊重されるべきものですから、楽譜に示したものはあくまでも参考と考えてください。
- $\frac{2}{\downarrow}$ と書いてあるのは従来 $\frac{2}{4}$ と書いた 4 分の 2 拍子のことです。

1. むこうよこちょの (Mukō Yokocho no)

2. てるてるぼうず (Teru-teru-bouzu)

てるてるぼうず てるぼうず あしたてんきにしておくれ (Y.H)

● 手足拍子の伴奏例 (Beispiele für Klatsch-und Stampfrhythmus)……このほかにもいろいろな音形を工夫してください。

3. あがりめ さがりめ (Agarime, Sagarime)

あがりめ さがりめ ぐるっとまわって ねこのめ

(Y.H)

4. おつきさま いくつ (Otsukisama ikutsu)

※この曲は、東京の下町に古くからつたわるもので、子どもの長唄(ながうた)のけいこに用いられたもののようです。他に、つぎのような都節(みやこぶし)音階でうたい出すものもあります。

〔リズム・オスティナート Ostinate Begleitrhythmen〕

● 身体楽器によるリズム・オスティナートの代表的なものをまとめてあります。

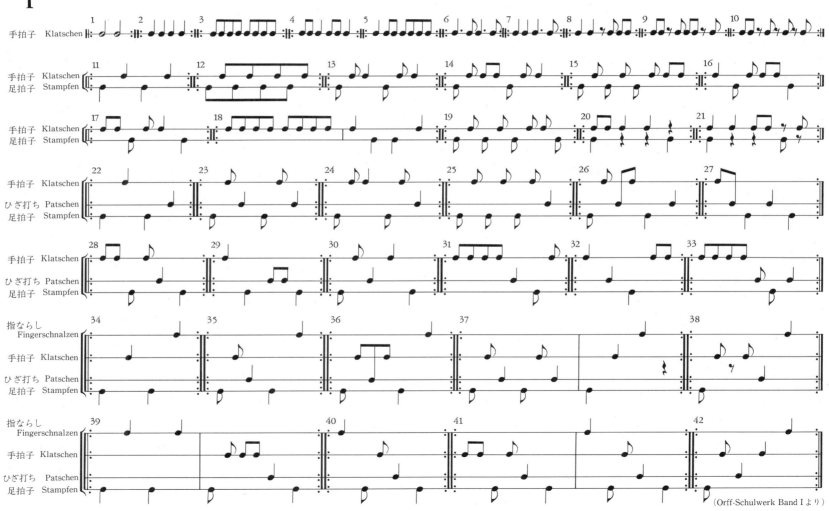

(Orff-Schulwerk Band I より)

(Orff-Schulwerk Band I より)

解説　1

・即興的な表現というものは、即座に準備なく行なわれるものと定義されますが、何もないところから生ずるものではなく、それまでに経験した音楽的な要素が、その時に応じて組み合わされて表現されるものだと考えられています。

　第1部に示したようなリズム・オスティナートを即興的に作るためには、このような音楽のスタイルに慣れるという意味でいくつかの例を経験することがたいせつです。その意味では、第1部の曲の中から、子どもの実態に合うものを選び出して与えることも有効です。20ページにはさまざまな音形の例がまとめてありますので、多くの場面で活用できることと思います。

　この曲集では、手拍子 (Klatschen)、足拍子 (Stampfen)、ひざ打ち (Patschen)、また、指ならし (Fingerschnalzen) などの身体楽器 (Körperinstrument, Klanggesten) によるリズム練習を中心にあつかっています。身体楽器は、すべての打楽器の、さらにはすべての楽器の出発点に位置づけることができます。なぜならば、いかなる楽器による表現も体のどこかを動かして行うものですが、腕や足の大きな動きによって音楽を表現したり、ひざを打ってリズムを刻むといった活動は音楽の基礎的な感覚を、より具体的に把握させることになるからです。なお、本書に示したようなリズムやその組合せは、身体楽器による活動のほか、発展としては様々な打楽器による表現にも結びつけていただきたいと考えています。

　なお、これらの音形を子どもに与える場合、それは教師の示すリズムを子どもたちが「模倣」するという形態で行ないます。次の第2部で登場する「模倣」の意味を少し考えてみることにします。

「模倣」の重要性

　私達は、ふだんの生活の中で様々なリズムを耳にしています。そのうちのいくつかを、私達はことばに置き換えています。お鍋のなかでなにかがコトコトいっているとか、蝉がジージー鳴いているなど、数えきれないほどの擬声語の表現がされています。また、テレビやラジオなどからありとあらゆる種類の音楽が流れてきて、そのリズムにも触れています。子どもたちも同様で、無意識のうちに多くのリズムを経験しているわけです。このような自然に身についているリズムを意識化して、彼等が表現の素材として活用できるようにしてあげることがたいせつです。模倣という活動は、このようなリズムの意識化に役立つ重要なものです。また、手拍子や足拍子、ひざ打ちなどの組合せによる表現の可能性を知らせる場であることは言うまでもありません。

　さらに、これに続く即興的な活動は、慣れることでより豊かな表現となりますから、活動にはいる導入などの段階でしばしば「模倣」を取り上げ、その都度、表現のための素材を与えるようにしたいものです。

第 2 部

リズムの即興表現の指導
Unterrichtsprozeß der rhythmischen Improvisation

- 模倣→問答→ロンドという指導の流れを示してあります。これらはひとつの作品として書いたものではなく、形式を読み取っていただくための例です。
- はじめは、短い簡単な音形の模倣 → 短い問答 → 小さなロンドと進めてください。
- ロンドのテーマ A の部分は、練習してそのまま活用してみることも有効です。次第に子どもたちが新しいテーマを創り出すように発展させてください。

≪オルフの音楽教育の精神≫

- 子どもたちが即興的に表現することを重視している。
- 即興的表現の能力は、模倣によって獲得された音形や形式の学習によって育成される。
- これらの学習は常に易しいものから、少しずつ要素をふやしつつ、さまざまな形式をとり入れて、螺線的に高めていく。

〔リズムの模倣 Rhythmen zum Imitieren〕

a．同時模倣 指導者が繰り返し打つ手拍子のリズムを子どもが同時に模倣します。ほぼ全員が揃ったら音形を少しずつ変化させ、子どもの注意
(Zugleich)　を引きつけていきます。指導者は、音ばかりでなく、腕の動きで音形を知らせるように心がけてください。

b．エコー
　(Echo)　　　こだまのように、ひとりの打つリズムを全員が模倣します。はじめは指導者の示す音形を子どもが模倣し、慣れてきたら子どもたち同志でもできるようにしたいものです。手や足やひざで、どのような表現ができるかを、経験を通じて学習させます。これらは、いずれも例として示したものですから、この通り表現するものと考えないことがたいせつです。

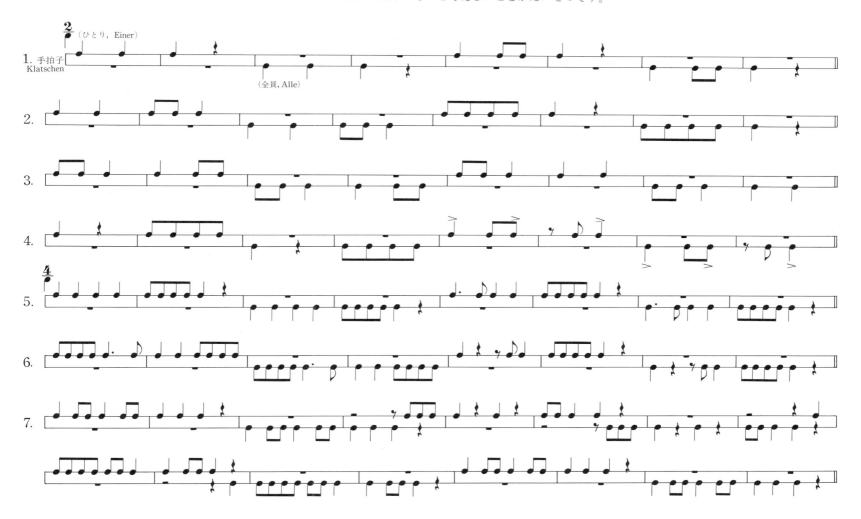

c．無拍節的なリズムの模倣　(Unmetrische Rhythmen)

日本の太鼓のリズムなどに見られる「リズムの圧縮・拡大」を楽譜に表わしたものです。1.は従来の記譜によっていますが必ずしも十分に書き表わすことができません。むしろ2.3.の図形楽譜（グラフィック記譜法）によるほうがよく雰囲気を表わしています。これらに強弱の変化をつけたり、逆から表現するなど様々に変化させ、**同時模倣**の形で子どもに表現させます。指導者は、特に大きな動作でリズムの変化を知らせる必要があります。

次に、**エコー**の形式で、おおよその長さと雰囲気を再現させる活動へ発展してください。

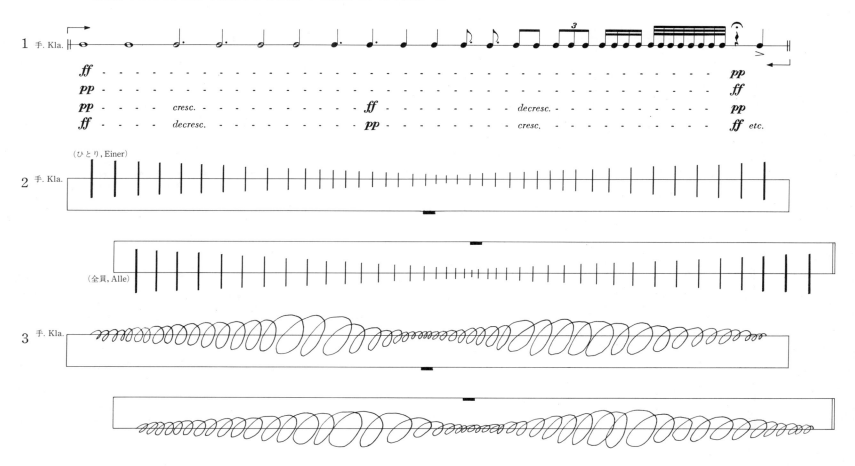

〔リズム問答 Rhythmen zum Weiterführen und Ergänzen〕

● 「問」のリズムに続けて、即興的に表現していく例です。これまでの「模倣」で学んだ音形が、ここで生かされます。

例：

(Orff-Schulwerk Band I より)

例題：このようなリズムを「問」に用いて、「答」を導いてください。
(Aufgaben)

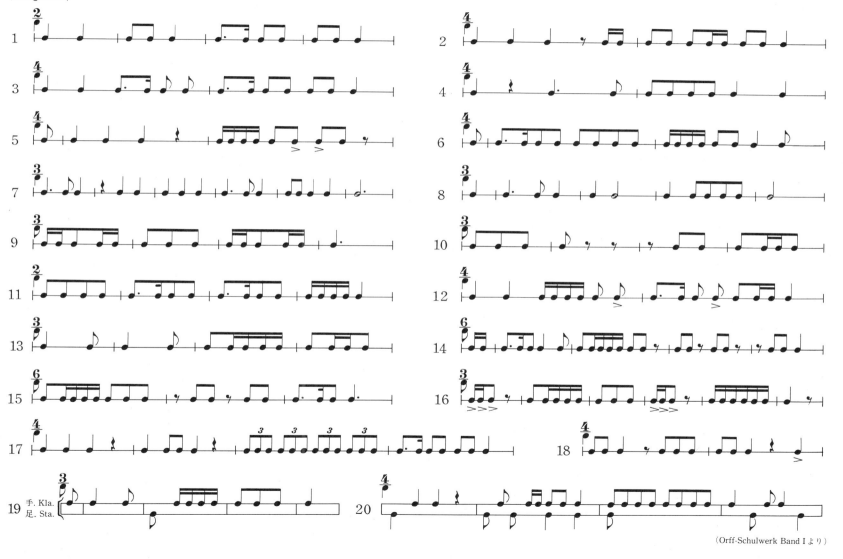

(Orff-Schulwerk Band I より)

〔リズムのロンド Rhythmische Rondospiele〕

〈ロンド〉とは、もともとフランス語の「まわる」という意味から起こった舞曲の名称です。

その形式は、古典ロンド形式の場合 A－B－A－C－A……A－(coda) となります。A はテーマです。ここでは、B、C、D……の部分を即興的に表現していくことにします。

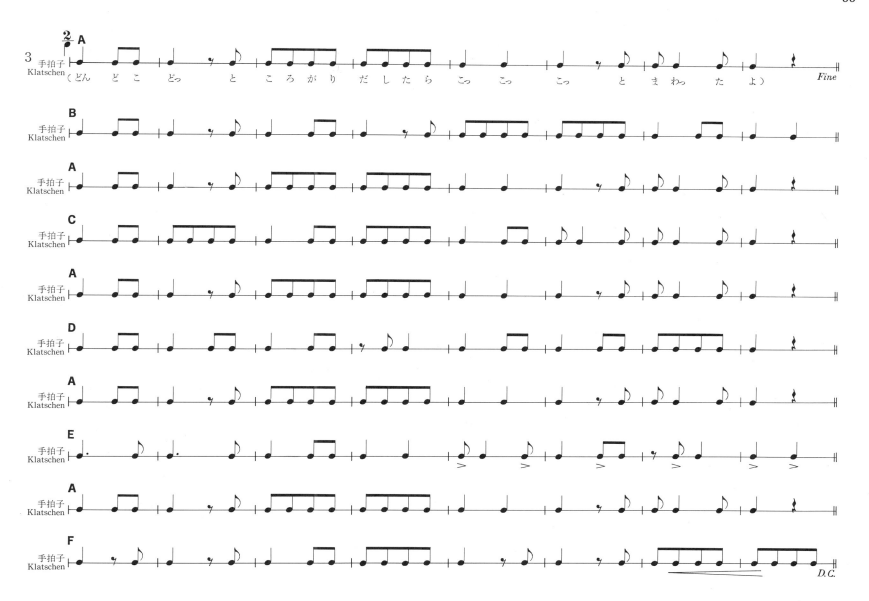

※テーマのリズムは、「オッペケペ節」のはやしことばにヒントを得て作ったものです。オッペケペ節は、明治20年頃寄席（よせ）で歌われた小唄で、社会風刺的な詞章で人気を集めたものと言われます。

　この3、4のように、ことばの持つリズムを生かして音楽を構成することは、子どものための音楽の根源であり、大変重要な考え方です。

(Orff-Schulwerk Band I より)

(Orff-Schulwerk Band I より)

解説　2

オスティナートについて

オスティナート (Ostinato) ということばはもともとイタリア語の「執拗な、頑固な」などという意味を持つことばです。ヨーロッパの音楽の歴史で、ひとつの音楽的形式として意識的に用いられたのは13世紀頃の記録が残っているということですが、世界の民族音楽の中に豊富に用いられていることから推し測れば、人類が音楽とつき合いはじめた頃から、さまざまに用いられたに違いないと思われる形式なのです。

本書では一貫してこのオスティナートとその組み合わせを取り上げています。その理由は、第一に、オスティナートが非常に古くから、また、広く世界的な拡がりを持つ形式であって、それは子どもたちが成長の過程でたどると言われる人類の歴史的な道筋にふさわしいものだと考えるからです。

第二には、即興的な表現を支え、引き出すのにこれくらい適切な形式はないのです。即興的な表現というのは、ある意味で、その音楽全体と結びつきながらも、どのように変化していくかが奏者にまかされていて、予想のつかないものです。ですから、一定のスタイルが持続されているオスティナートの形式でなければ、その表現に対応できませんし、表現する側でも、一定の基盤の上にあるからこそ自由に自分を表現することができるのです。

第三の理由は、何といっても、やさしいことです。さまざまな能力の子どもたちに与えるには、難しいものは適しません。同じことを繰り返すのは、音形にもよりますが、覚えてしまえば楽なものです。そのゆとりがあるからこそ、即興的な表現を十分に聴き取り、自分の表現に活かすような学習が可能になります。さまざまな能力の子どもがさまざまに自分を発揮することは、即興的表現の場で満足されることになります。

オスティナートがいくつか組み合わされる場合、それらの長さは、必らずしも一定でなくてよいでしょう。時には変拍子的なリズムが組み合わされても、効果的な場合があります。つぎの譜例でそのことも理解されると思います。

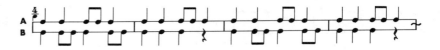

※Aは $\frac{3+3+2}{♪}$ という変拍子的なリズムになっています。

第 3 部

リズムの即興表現の発展
Entwicklung der rhythmischen Improvisation

- 即興的な表現をより豊かにするための発展的な練習をまとめました。
- ひざ打ちの記譜法や腕の交代の原則の理解は、主に指導者のために示してあります。音形を読み取ったり、子どもの表現を書き取る場合に有効です。
- オスティナートの伴奏にのせて、さまざまな打楽器による表現を試みるため、ここに示した音形を活用してみてください。
- 模倣の発展的な形式としてカノンを掲げてあります。
- 最後に、いくつかの器楽作品を取り入れました。これらは、ある程度の年令以上の子どもに、楽譜を通じて与えることを意図しています。それによって、多くの特徴的な音形を、動きを通して学ぶことができ、より豊かな即興的表現へ発展することが期待されます。

〔ひざ打ちのリズム Rhythmen zum Patschen〕

身体楽器による表現のうち、ひざ打ちは特に、ほとんどの打楽器に直接的に結びつく技能を学習できる重要なものです。すなわち、打つ所が2ヶ所（両ひざ）で、2本の腕を同時に、あるいは交互に用いて表現するという点で、たいへん発展性があるのです。

即興的表現を豊かにするためにも、多くのリズム音形を、身体の動きとして身につけることには大きな意味があります。そのため、以下のようなさまざまな音形を、模倣を通じて、また、小さな練習曲の形で子どもに経験させてください。

なお、模倣の形態の場合、指導者は、意図した音形を左右逆に示すことが望まれます。また、指導者は動きや音形をよりはっきりと子どもに伝えるため、一対のコンガやティンパニなどを用いると効果的です。

a．記号の原則

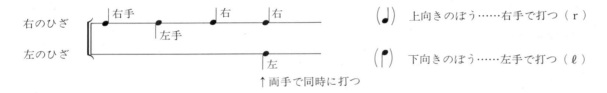

○左右の手で交互に打つ場合は、左右のひざを奇数ずつ打つようにすると腕の交叉がなく、流れにのった表現がしやすくなります。特に左右の指定のない場合は、手は左右交互に用います。

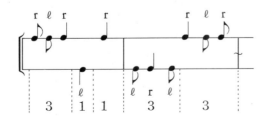
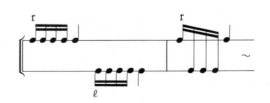

b．左右同時に用いる例

c．腕とひざの左右が交代しない例

d．左右の奇数交代の例

〔オスティナート伴奏と即興的なリズム表現 Rhythmische Improvisation über ostinater Begleitung〕

さまざまな打楽器による即興的なリズム表現を、身体楽器のオスティナートで支えるものです。伴奏で支えることによって、テンポやフレーズなどの感覚が、表現を通じてより確かなものとなり、音楽的にも充実したものとなります。このような形式は、先にのべたロンド形式の即興部分にも活用されます。単純なものから、かなり高度なものまで考えられます。

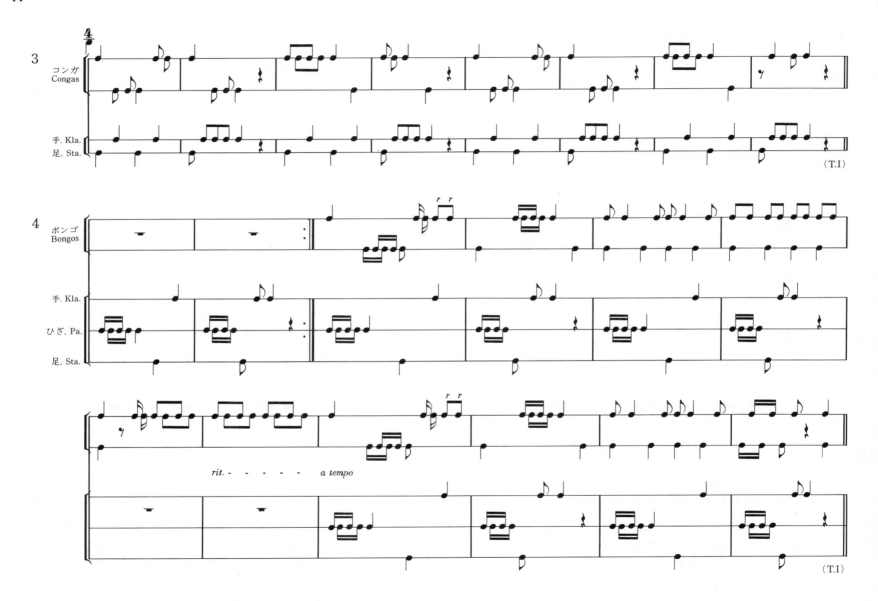

〔リズムのカノン Rhythmische Kanons〕

「リズムの模倣」から発展したものです。指導者は、子どもたちがどれくらいついて来られるかを見きわめながら、先行するリズムを示していく必要があります。場合によっては、一度全体を覚えてから作り上げてもよいでしょう。カノンという形式を感得させることがねらいです。

(Orff-Schulwerk Band I より)

(Orff-Schulwerk Band I より)

[打楽器のための小品 Kleine Stücke für Schlagwerk]

4度音程の2つのティンパニと小太鼓のためのアンサンブル (Ensemble für kleine Trommel und zwei Pauken im Quartabstand)

T. Iguchi

第 4 部

わが国の民族音楽に見られるリズム
Rhythmen in japanischen Volksmusiken

- 録音された日本の音楽から採譜したものです。これらはわが国の音楽の特徴をよく表わしたものです。
- ここに示した楽譜は、やや妥協的なものとなっています。例えば ♩.♫ と書いた音形も実際には ♩₃♪ に近いことがあり、同様に、♪♫ が ♪♫ に近いものもあります。
- 日本の音楽のリズムは、西洋音楽の記譜によって完全に書き表わすことのできないものであることを理解してください。

In diesem Teil;

gr. Tr. = japanische große Trommel

kl. Tr. = 〃 kleine Trommel

Glocke = 〃 Glocke

gr. Tr.
R. = Rahmenschlag
F. = Fellschlag

日本の民族音楽は、太鼓抜きでは考えられないと言えるほど、豊富な太鼓のリズムに支えられています。これに笛、尺八、かね、三味線、鼓（つづみ）などが組み合わされているもの、樽（たる）を加えたものなどがあります。

ここでは、いくつかの代表的な音楽と、その中に見られるリズムを拾い出してみました。できれば実際の録音を鑑賞したり、これに合わせて表現したりしてください。多くは基本となるオスティナートによっていますが、それが自由自在に変化する即興的な表現となっているものも少くありません。

1. 日光わらく踊り（栃木）…他に笛が加わる。

2. 秩父音頭（埼玉）…他に笛、三味線が加わる。

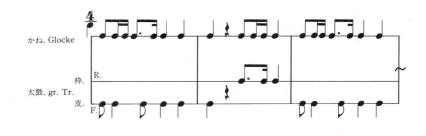

3. 銚子大漁節（千葉）…他に鼓（つづみ）、笛などが加わる。

4. こきりこ節（富山）…他にこきりこ、笛、唄が加わる。

5. 郡上節 (岐阜) より　春駒…他に笛、三味線が加わる。

6. ノーエ節 (静岡)…他に三味線、笛が加わる。

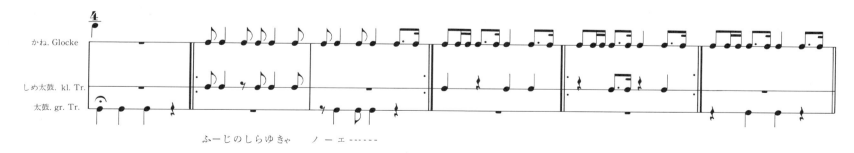

7. **庄内おばこ**(山形)…他に、尺八、三味線が加わる。

8. **生保内節**(秋田)…他に尺八、三味線が加わる。

9. **伊勢音頭**(三重)…前奏と間奏の部分。他はテンポが変わり三味線や唄が加わる。

10. **篠山節**(兵庫)…他に笛、三味線が加わる。

11. 鶴崎節(大分)より　**さえもん**…他に唄、笛、尺八、三味線、胡弓が加わる。

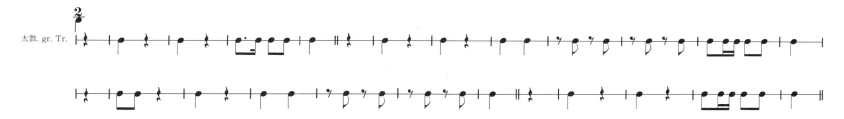

12. よさこい節(高知)…他に三味線が加わる。

と　さ　の　—　　　こ　う　ち　の　—　　　は　り　ま　や　　　ば　—　し　で

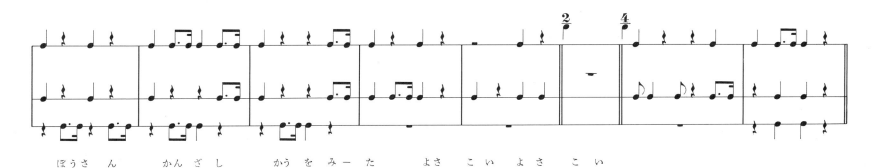

ぼ　う　さ　ん　　か　ん　ざ　し　　か　う　を　み　—　た　　よ　さ　こ　い　よ　さ　こ　い

13. 花笠踊り (山形) …他に尺八、三味線が加わる。

14. 会津磐梯山（福島）…他に笛が加わる。

15. 秩父屋台囃子（埼玉）

16. 江戸祭囃子（東京）より　昇殿

17. 東京神楽囃子より　本間

18. 秩父神社神楽囃子（埼玉）

19. 葛西囃子（東京）より　鎌倉…他に笛が加わる。

20. 東京神楽囃子より　篠燕舞…他に笛が加わる。

21. 葛西囃子(東京)より 昇殿…他に笛が加わる。

あとがき

　私どもの研究と実践から得られた考え方のいくつかを、広く理解していただくために、本書は企画されました。それらは必ずしも十分なものとはいえませんが、皆さんのご指導によって、いずれの機会に改めていきたいと思います。これは、むしろひとつの提案であり、ヒントでありますので、書かれたものにしばられることなく自由に展開されることを期待します。本書による指導の展開に当たっては、下に示した文献を参照されるよう、是非お勧めします。

　本書の原稿の段階でご指導をいただいたカール・オルフ博士も今はなく、その理念を具体化するという仕事の責任の重さを今改めてかみしめている次第です。

　なお、本書の構成については、1981年9月23日に、ザルツブルグのオルフ研究所の教授であるH.レグナー博士 (Prof. Dr. Hermann Regner) から貴重なご指摘をいただきましたことを申し添えます。また、編曲と作品化の過程で、オルフ・シュールヴェルク研究会（Orff-Schulwerk-Gesellschaft, Japan）の会員の皆さんのご協力を得たことにも感謝しております。

参考文献

オルフ・シュールベルク理論とその実際──日本語を出発点として
　星野圭朗 著／全音楽譜出版社　1979年刊

子どものための音楽 II	●
編著者	星野圭朗・井口太
初版発行	1984年10月25日
第3版第3刷⑨	2012年11月30日
発行	ショット・ミュージック株式会社
	東京都千代田区内神田1-10-1 平富ビル3階
	〒101-0047
	(03)6695-2450
	http://www.schottjapan.com
	ISBN 978-4-89066-112-1
	ISMN M-65001-032-0

子どものための音楽

日本の子どものためのオルフ・シュールヴェルク

星野圭朗・井口太編著

ドイツの作曲家カール・オルフの提唱した音楽教育「オルフ・シュールヴェルク」の考え方の基本は、音楽をその国の文化と伝統に基づいてとらえ、そこから自然な即興を引き出して創造へと導くことにあります。

本シリーズは、その考えをもとに、日本語のもつことばのリズム、わらべうたや民謡など、日本の子どもたちが、もっとも自然に自由にあやつることのできる音楽素材を用いて編纂された、「日本の子どもたちのためのオルフ・シュールヴェルク」です。

Ⅰ わらべうたと即興表現

SJ 011　　　　定価＝本体850円（税別）

オルフ楽器について
オルフ楽器の種類と音域
第1部　わらべうたとオスティナート伴奏
第2部　伴奏づくりの練習
第3部　G・ケートマンによる作品
第4部　わらべうたとオスティナート伴奏

●

[収録曲] かごめ かごめ／たけのこ いっぽん／おちゃらか ほい／なべなべそこぬけ／えんやら ももの木／ゆうやけこやけ／ひらいた ひらいた／七草なずな／雨こんこん／かりかり わたれ／うちのうらのくろねこ／ひとめ ふため／ほか

Ⅲ ことばの即興表現

SJ 013　　　　定価＝本体950円（税別）

第1部　ことばの合唱の作品例
第2部　ことばの自然なリズムと即興表現
第3部　ことばの合唱の作品例

●

[収録曲] 風の又三郎／シグナルとシグナレス／雪渡り／数をかぞえる（いち　にい　さん／だるまさんがころんだ）／ことばのリズム／ことばのリズムによる問答／ことばのロンド（とんだ　とんだ／それからどうした）／しりとりうた（くさりことば）／ことばのオスティナートとリズムの即興表現／オスティナート伴奏とことばの即興表現／かっぱとかえる／ほか

子どものための音楽
ことば・あそび・うた

谷川俊太郎詩・中地雅之曲

SJ 015　　　　定価＝本体950円（税別）

谷川俊太郎氏の詩のもつ日本の〈ことば〉の自然なリズムや音楽性を、〈あそび〉から〈うた〉、アンサンブル、即興へと楽しみながら発展させていきます。全20曲。

Ⅰ ことばあそび

〈ことば〉の持つリズムに打楽器などを加えて音楽的に発展させた、〈ことばの作品〉をあつめました。

●

[収録曲] うそつき きつつき／あいたあったあきた／すっとびとびすけ／かえる／すり／とうの と

Ⅱ あそびうた

現代の子どもの生活にそって作られた〈ことば〉を、伝統的な日本の音組織を用いて、さまざまな形式に発展させた〈あそびうた〉をあつめました。

●

[収録曲] さる／かおあそびうた／すりむきうた／ほか

Ⅲ うたあそび

伝統的なわらべうたに近い響きから、これまで日本の子どものうたにあまり使われなかったアジアや西洋の音階や旋法へと発展させていきます。

●

[収録曲] かっぱ／ほっぺたのはらに／あきかんのうた／ほか

〒101-0047 東京都千代田区内神田1-10-1 平富ビル3階　**ショット・ミュージック株式会社**　電話(03)6695-2450　ファクス(03)6695-2579